첼로피아's 첼로와 피아노로 드리는 찬송곡집

Amazing Grace

임보람 편곡

예술

머리말

따스한 음색의 첼로와 피아노로 하나님을 찬양하는 유튜브 크리에이터 첼로피아 임보람입니다.

그리스도인 첼리스트로서, 저는 오랫동안 사랑받고 있는 찬송가들을 첼로로 계속 연주해왔습니다. 그런데 연주를 하면 할수록 4성부로 구성된 찬송가 악보를 그대로 따라가는 것에서 벗어나 첼로라는 악기만의 특성을 살려 아름답게 연주할 수 있는 방법이 있지 않을까 고민하게 되었습니다. 그래서 기존의 찬송가를 첼로에 더욱 어울리는 스타일로 새롭게 편곡하여 연주하기 시작했습니다.

이 찬송곡집은 첼로 한 대와 피아노 한 대로 은혜로운 찬양을 아름답게 연주하여 주님께 기쁨으로 예배드릴 수 있기를 바라는 마음으로 제가 편곡한 찬송곡들을 담은 악보집입니다. 지금까지는 편곡과 연주만 해왔었는데, 이번에 처음으로 악보집을 출판할 수 있게 되어 정말 기쁩니다. 찬송곡집에 담긴 모든 찬송은 여러 가지 색으로 덧입혀진 새로운 은혜와 감성의 편곡 악보들이랍니다.

첼로로 새로운 찬양을 드리고 싶지만 어찌해야 할지 고민이 있으셨던 분들, 반복되는 멜로디의 찬송가 악보만으로는 특주에 있어 부족함을 느끼셨던 분들, 찬송가 피아노 반주가 막막하셨던 분들 모두에게 이 악보가 한 줄기 빛처럼 도움이 되길 바랍니다.

이 모든 작업 위에 함께하신 하나님 아버지께 모든 감사와 영광을 돌리며, 이 악보집이 탄생할 수 있도록 길을 열어주신 예솔출판사 김재선 대표님, 사남매를 함께 키우며 첼로피아의 가장 큰 지원군이 되어주는 남편 이준근 씨와 사랑스러운 네 아이들, 항상 기도로 응원해주시는 친정 부모님, 저희를 아껴주시는 시부모님께도 깊은 감사의 말씀을 전합니다.

첼로피아 임보람

차례

머리말 2

1. 천부여 의지 없어서 ·················· 4

2. 너 근심 걱정 말아라 ················· 7

3. 저 장미꽃 위에 이슬 ················· 13

4. 내 주님 입으신 그 옷은 ·············· 18

5. 오 신실하신 주 ······················ 22

6. 내 주를 가까이 ······················ 29

7. 갈보리산 위에 ······················· 34

8. 웬 말인가 날 위하여 ················· 41

9. 주여 지난 밤 내 꿈에 ················ 46

10. 참 아름다워라 ······················ 51

11. 나 같은 죄인 살리신 ················ 57

12. 예수로 나의 구주 삼고 ·············· 64

13. 내 주 되신 주를 참 사랑하고 ········ 70

천부여 의지 없어서

W. Shield
Arr. by 첼로피아

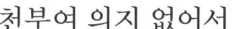

천부여 의지 없어서

천부여 의지 없어서

너 근심 걱정 말아라

W. S. Martin
Arr. by 첼로피아

너 근심 걱정 말아라

너 근심 걱정 말아라

너 근심 걱정 말아라

너 근심 걱정 말아라

너 근심 걱정 말아라

저 장미꽃 위에 이슬

C. A. Miles

C. A. Miles
Arr. by 첼로피아

저 장미꽃 위에 이슬

저 장미꽃 위에 이슬

저 장미꽃 위에 이슬

저 장미꽃 위에 이슬

내 주님 입으신 그 옷은

H. Barraclough

H. Barraclough
Arr. by 첼로피아

Copyright ⓒ 2022 Yesol Publishing Co., Inc
All Rights Reserved. Printed in Seoul, Korea

내 주님 입으신 그 옷은

내 주님 입으신 그 옷은

내 주님 입으신 그 옷은

오 신실하신 주

W. M. Runyan
Arr. by 첼로피아

오 신실하신 주

오 신실하신 주

오 신실하신 주

오 신실하신 주

오 신실하신 주

오 신실하신 주

내 주를 가까이 하게 함은

L. Mason
Arr. by 첼로피아

Copyright ⓒ 2022 Yesol Publishing Co., Inc
All Rights Reserved. Printed in Seoul, Korea

내 주를 가까이 하게 함은

내 주를 가까이 하게 함은

내 주를 가까이 하게 함은

내 주를 가까이 하게 함은

갈보리산 위에

G. Bennard
Arr. by 첼로피아

Copyright ⓒ 2022 Yesol Publishing Co., Inc
All Rights Reserved. Printed in Seoul, Korea

갈보리산 위에

갈보리산 위에

갈보리산 위에

갈보리산 위에

갈보리산 위에

갈보리산 위에

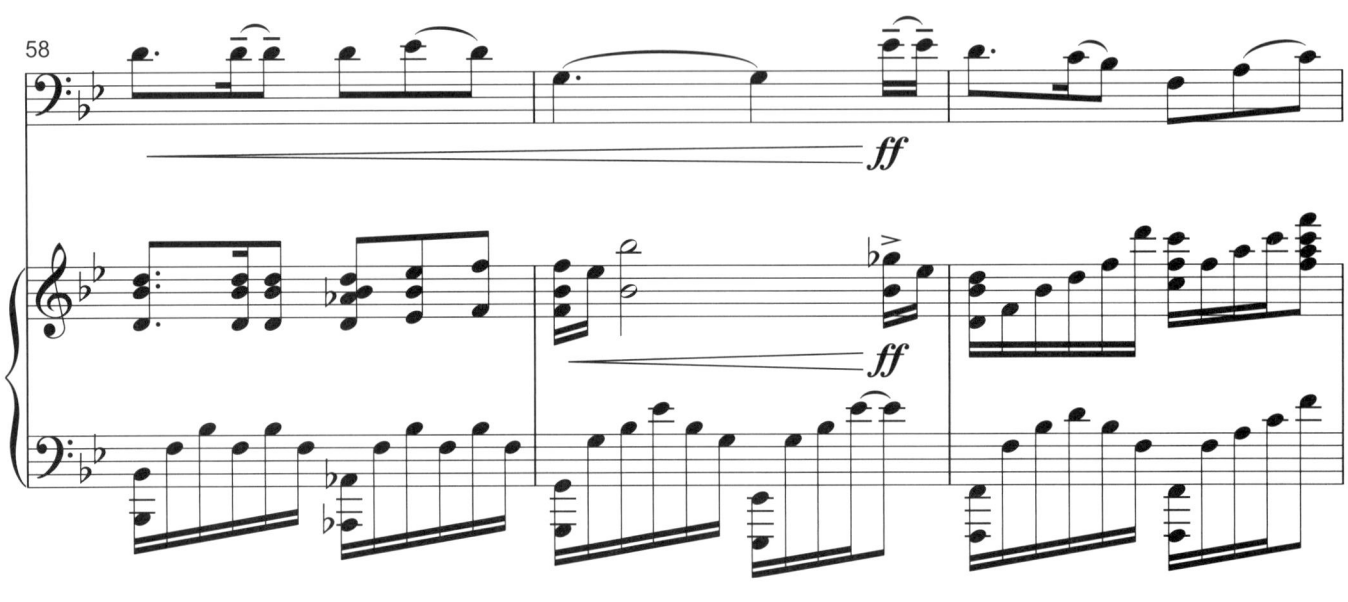

웬 말인가 날 위하여

H. Wilson, c.
Arr. by 첼로피아

Copyright ⓒ 2022 Yesol Publishing Co., Inc
All Rights Reserved. Printed in Seoul, Korea

웬 말인가 날 위하여

웬 말인가 날 위하여

웬 말인가 날 위하여

웬 말인가 날 위하여

주여 지난밤 내 꿈에

C. H. Gabriel
Arr. by 첼로피아

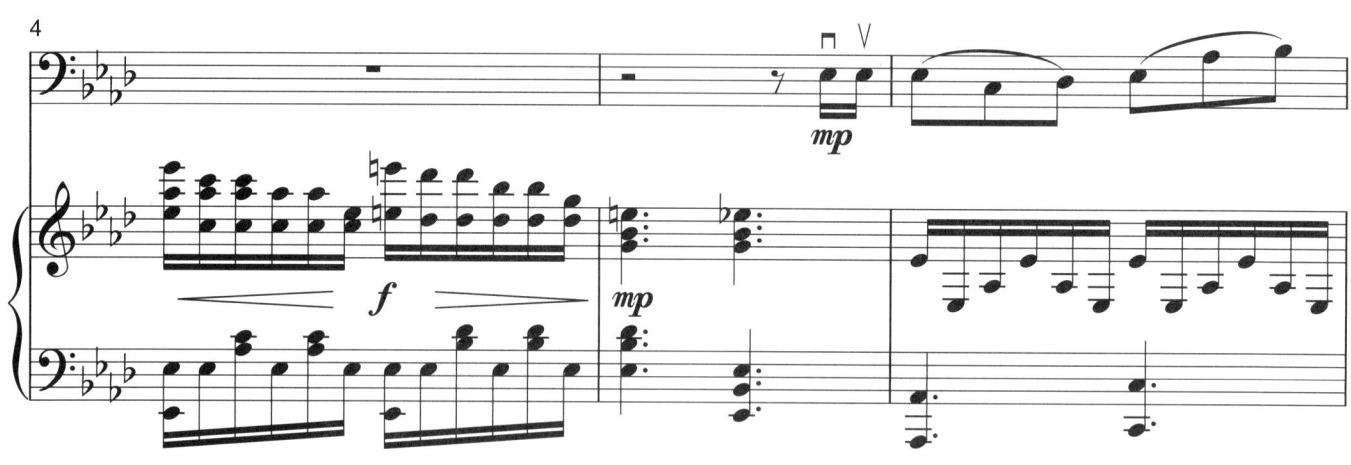

Copyright ⓒ 2022 Yesol Publishing Co., Inc
All Rights Reserved. Printed in Seoul, Korea

주여 지난밤 내 꿈에

주여 지난밤 내 꿈에

주여 지난밤 내 꿈에

주여 지난밤 내 꿈에

참 아름다워라

M. D. Babcock, 1901

Traditional English Melody
Arr. by 첼로피아

Copyright ⓒ 2022 Yesol Publishing Co., Inc
All Rights Reserved. Printed in Seoul, Korea

참 아름다워라

참 아름다워라

참 아름다워라

참 아름다워라

참 아름다워라

나 같은 죄인 살리신

Traditional American Melody
Arr. by 첼로피아

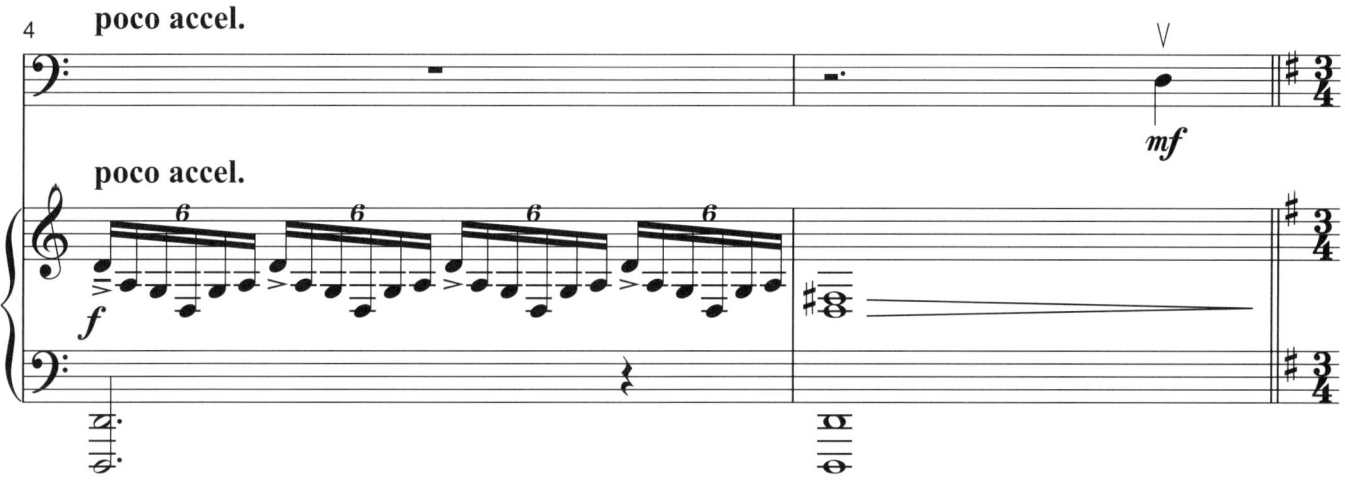

Copyright ⓒ 2022 Yesol Publishing Co., Inc
All Rights Reserved. Printed in Seoul, Korea

나 같은 죄인 살리신

나 같은 죄인 살리신

나 같은 죄인 살리신

나 같은 죄인 살리신

나 같은 죄인 살리신

예수로 나의 구주 삼고

P. P. Knapp, 1873
Arr. by 첼로피아

예수로 나의 구주 삼고

예수로 나의 구주 삼고

예수로 나의 구주 삼고

예수로 나의 구주 삼고

내 주 되신 주를 참 사랑하고

A. J. Gordon
Arr. by 첼로피아

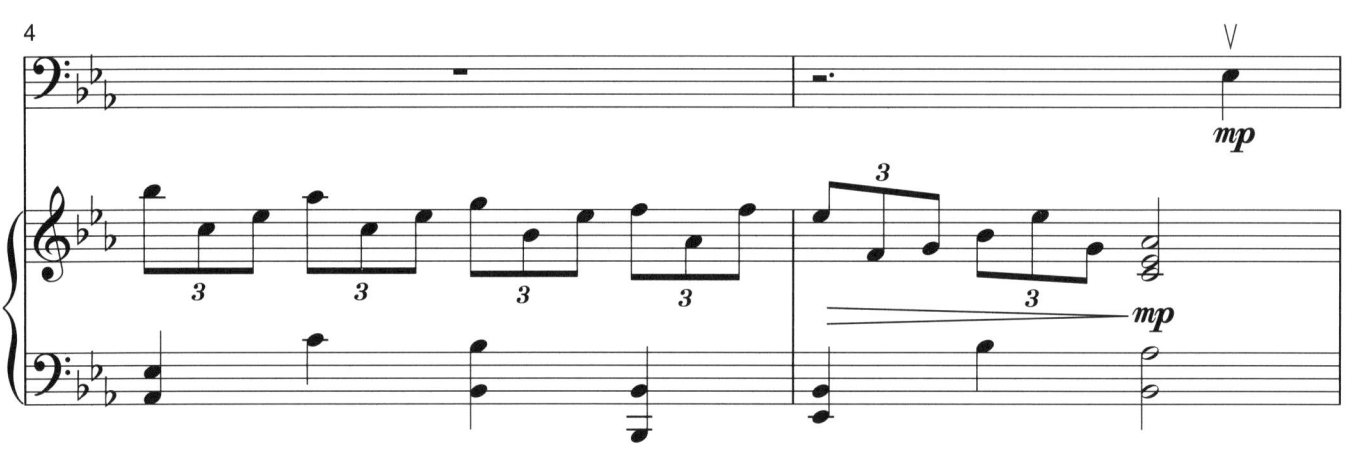

내 주 되신 주를 참 사랑하고

내 주 되신 주를 참 사랑하고

내 주 되신 주를 참 사랑하고

내 주 되신 주를 참 사랑하고

첼로피아's 첼로와 피아노로 드리는 찬송곡집

Amazing Grace

● 첼로 파트보 ●

임보람 편곡

예솔

이 백성은 내가 나를 위하여 지었나니
나의 찬송을 부르게 하려 함이니라

This people have I formed for myself;
they shall shew forth my praise

이사야 43:21

머리말

따스한 음색의 첼로와 피아노로 하나님을 찬양하는 유튜브 크리에이터 첼로피아 임보람입니다.

그리스도인 첼리스트로서, 저는 오랫동안 사랑받고 있는 찬송가들을 첼로로 계속 연주해왔습니다. 그런데 연주를 하면 할수록 4성부로 구성된 찬송가 악보를 그대로 따라가는 것에서 벗어나 첼로라는 악기만의 특성을 살려 아름답게 연주할 수 있는 방법이 있지 않을까 고민하게 되었습니다. 그래서 기존의 찬송가를 첼로에 더욱 어울리는 스타일로 새롭게 편곡하여 연주하기 시작했습니다.

이 찬송곡집은 첼로 한 대와 피아노 한 대로 은혜로운 찬양을 아름답게 연주하여 주님께 기쁨으로 예배드릴 수 있기를 바라는 마음으로 제가 편곡한 찬송곡들을 담은 악보집입니다. 지금까지는 편곡과 연주만 해왔있는데, 이번에 처음으로 악보집을 출판할 수 있게 되어 정말 기쁩니다. 찬송곡집에 담긴 모든 찬송은 여러 가지 색으로 덧입혀진 새로운 은혜와 감성의 편곡 악보들이랍니다.

첼로로 새로운 찬양을 드리고 싶지만 어찌해야 할지 고민이 있으셨던 분들, 반복되는 멜로디의 찬송가 악보만으로는 특주에 있어 부족함을 느끼셨던 분들, 찬송가 피아노 반주가 막막하셨던 분들 모두에게 이 악보가 한 줄기 빛처럼 도움이 되길 바랍니다.

이 모든 작업 위에 함께하신 하나님 아버지께 모든 감사와 영광을 돌리며, 이 악보집이 탄생할 수 있도록 길을 열어주신 예솔출판사 김재선 대표님, 사남매를 함께 키우며 첼로피아의 가장 큰 지원군이 되어주는 남편 이준근 씨와 사랑스러운 네 아이들, 항상 기도로 응원해주시는 친정 부모님, 저희를 아껴주시는 시부모님께도 깊은 감사의 말씀을 전합니다.

첼로피아 임보람

차례

머리말 3

1. 천부여 의지 없어서 ··· 6

2. 너 근심 걱정 말아라 ··· 8

3. 저 장미꽃 위에 이슬 ··· 10

4. 내 주님 입으신 그 옷은 ···································· 12

5. 오 신실하신 주 ·· 14

6. 내 주를 가까이 ·· 16

7. 갈보리산 위에 ·· 18

8. 웬 말인가 날 위하여 · 20

9. 주여 지난 밤 내 꿈에 · 22

10. 참 아름다워라 · 24

11. 나 같은 죄인 살리신 · 26

12. 예수로 나의 구주 삼고 · 28

13. 내 주 되신 주를 참 사랑하고 · · · · · · · · · · · · · · · · · 30

천부여 의지 없어서

Violoncello

W. Shield
Arr. by 첼로피아

너 근심 걱정 말아라

Violoncello

W. S. Martin
Arr. by 첼로피아

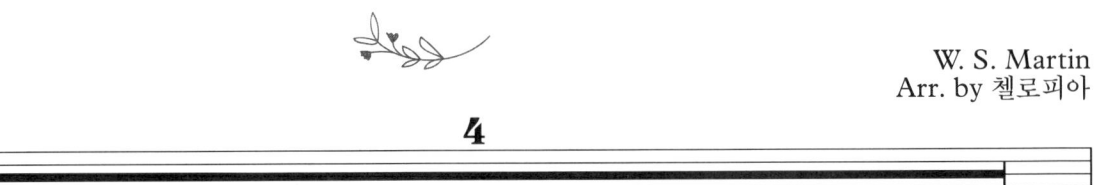
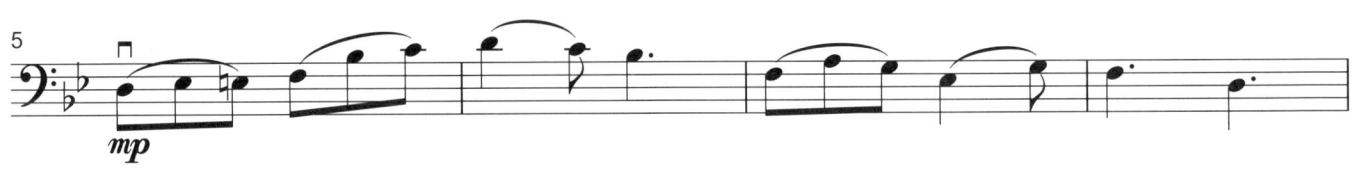

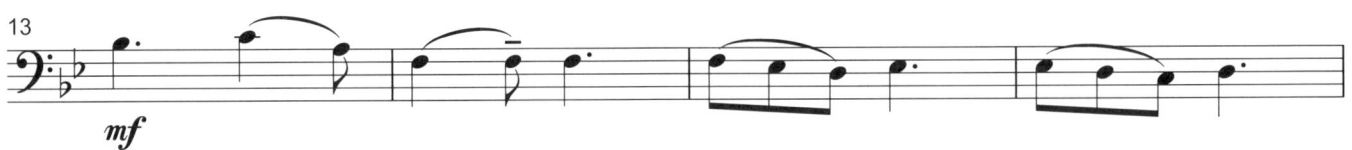

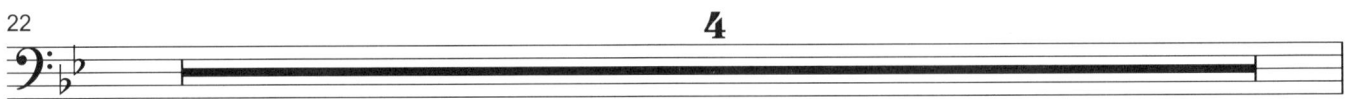
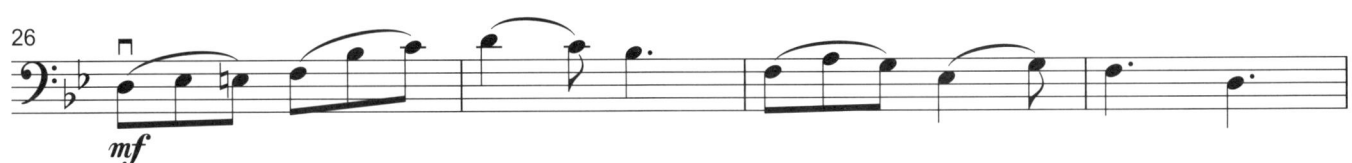

너 근심 걱정 말아라

저 장미꽃 위에 이슬

Violoncello

C. A. Miles
C. A. Miles
Arr. by 첼로피아

저 장미꽃 위에 이슬

내 주님 입으신 그 옷은

Violoncello

H. Barraclough

H. Barraclough
Arr. by 첼로피아

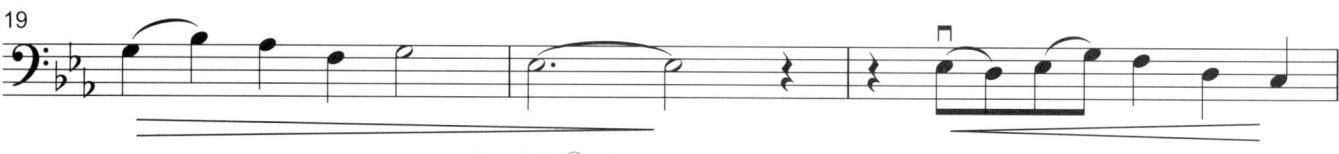

Copyright ⓒ 2022 Yesol Publishing Co., Inc
All Rights Reserved. Printed in Seoul, Korea

내 주님 입으신 그 옷은

오 신실하신 주

Violoncello

W. M. Runyan
Arr. by 첼로피아

오 신실하신 주

내 주를 가까이 하게 함은

Violoncello

L. Mason
Arr. by 첼로피아

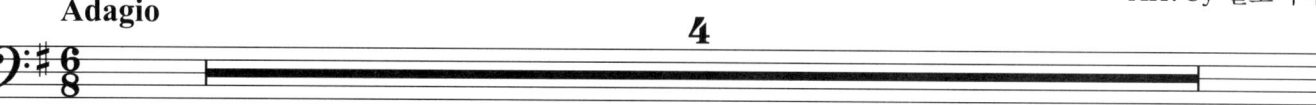

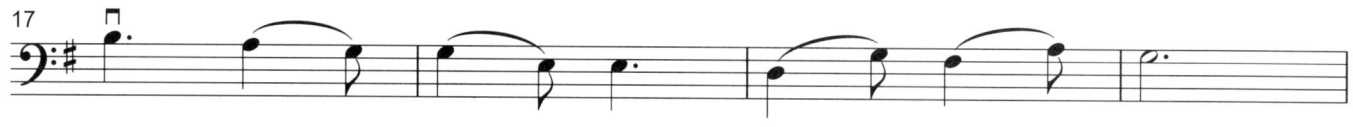
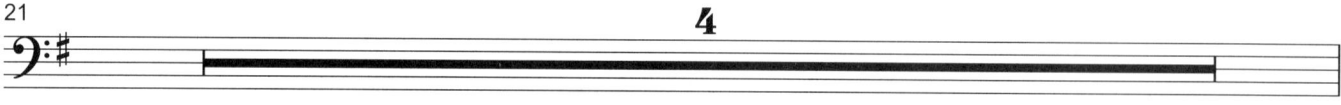

Copyright ⓒ 2022 Yesol Publishing Co., Inc
All Rights Reserved. Printed in Seoul, Korea

내 주를 가까이 하게 함은

갈보리산 위에

Violoncello

G. Bennard
Arr. by 첼로피아

갈보리산 위에

웬 말인가 날 위하여

웬 말인가 날 위하여

주여 지난밤 내 꿈에

C. H. Gabriel
Arr. by 첼로피아

주여 지난밤 내 꿈에

참 아름다워라

Violoncello

M. D. Babcock, 1901

Traditional English Melody
Arr. by 첼로피아

참 아름다워라

나 같은 죄인 살리신

Violoncello

Traditional American Melody
Arr. by 첼로피아

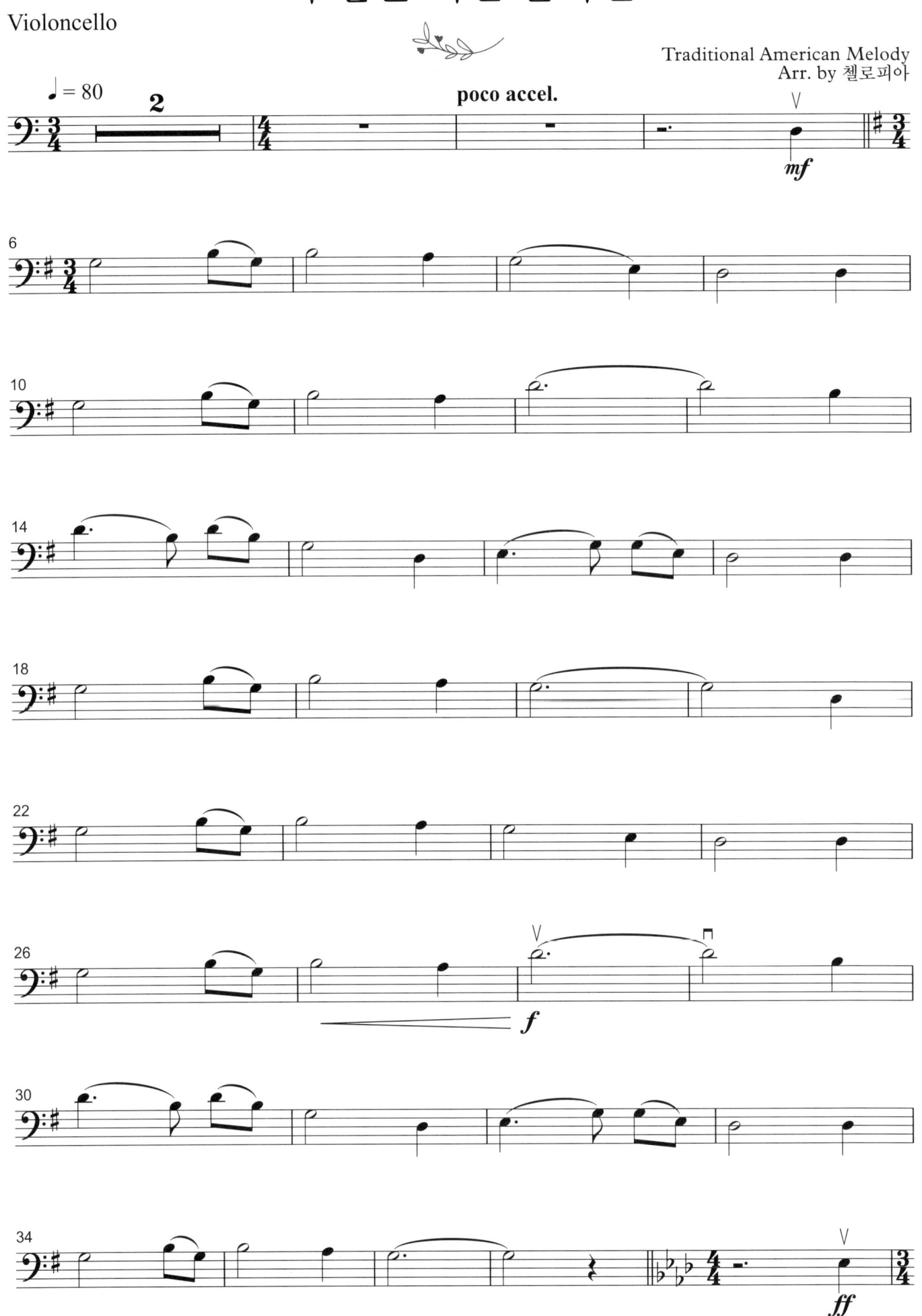

나 같은 죄인 살리신

예수로 나의 구주 삼고

Violoncello

P. P. Knapp, 1873
Arr. by 첼로피아

예수로 나의 구주 삼고

내 주 되신 주를 참 사랑하고

내 주 되신 주를 참 사랑하고

임보람

첼로와 피아노로 드리는 찬양 '첼로피아' 유튜브 채널을 운영하는 유튜브 크리에이터.

어린 시절부터 피아노를 배웠고 작곡과 편곡을 가장 재미있는 놀이로 여겨왔으며 초등학교 5학년에 처음으로 첼로 연주를 시작하여 이후 미국 버클리 음대(Berklee College of Music)로부터 장학생으로 입학 허가를 받았고 오스트리아 빈 프라이너 음악원(Prayner Konservatorium)을 거쳐 독일 뉘른베르크 국립음악대학(Hochschule für Musik Nürnberg)에서 첼로 전공 수학 중 집안 사정으로 졸업을 하지 못하고 한국으로 귀국, 경북대학교에서 독어독문으로 학사를 받고 국립군산대학교 대학원에서 음악 석사 과정을 수료했다.

청년후계농업인 남편과 함께 자연과 음악의 아름다움 속에서 네 아이를 키우고 있으며 가족의 이야기는 〈KBS 인간극장, 농부와 첼리스트〉 편으로 소개되었다.
발이 닿는 곳, 기회가 되는 모든 곳에서 사람에게는 위로가 되고 하나님께는 기쁨이 되는 음악을 연주하는 첼로연주자이자 음악인으로 살아가는 중이다.

저서로는 찬송가 편곡집 『Amazing Grace』, 자작찬양곡집 『은혜입니다』가 있다.

첼로피아's 첼로와 피아노로 드리는 찬송곡집
Amazing Grace

1판 1쇄 발행 | 2022년 7월 27일
1판 2쇄 발행 | 2024년 5월 17일

편저자 | 임보람
발행인 | 김재선
발행처 | 예 솔
출판등록 | 제2002-000080호(2002.3.21.)
주소 | 서울시 마포구 양화로6길 9-24 동우빌딩 4층
전화 | 02)3142-1663(영업), 335-1662(편집)
팩스 | 02)335-1643
홈페이지 | www.yesolpress.com

ISBN 978-89-5916-954-2 03230
Copyright ⓒ 2022, 예솔

본 악보집의 일부 또는 전체를 예솔의 허락없이 복사하거나 전재할 수 없습니다.
책값은 뒤표지에 표시되어 있습니다.

내 주 되신 주를 참 사랑하고

임보람

첼로와 피아노로 드리는 찬양 '첼로피아' 유튜브 채널을 운영하는 유튜브 크리에이터.

어린 시절부터 피아노를 배웠고 작곡과 편곡을 가장 재미있는 놀이로 여겨왔으며 초등학교 5학년에 처음으로 첼로 연주를 시작하여 이후 미국 버클리 음대(Berklee College of Music)로부터 장학생으로 입학 허가를 받았고 오스트리아 빈 프라이너 음악원(Prayner Konservatorium)을 거쳐 독일 뉘른베르크 국립 음악대학(Hochschule für Musik Nürnberg)에서 첼로 전공 수학 중 집안 사정으로 졸업을 하지 못하고 한국으로 귀국, 경북대학교에서 독어독문으로 학사를 받고 국립군산대학교 대학원에서 음악 석사 과정을 수료했다.

청년후계농업인 남편과 함께 자연과 음악의 아름다움 속에서 네 아이를 키우고 있으며 가족의 이야기는 〈KBS 인간극장, 농부와 첼리스트〉 편으로 소개되었다.
발이 닿는 곳, 기회가 되는 모든 곳에서 사람에게는 위로가 되고 하나님께는 기쁨이 되는 음악을 연주하는 첼로연주자이자 음악인으로 살아가는 중이다.

저서로는 찬송가 편곡집 『Amazing Grace』, 자작찬양곡집 『은혜입니다』가 있다.

첼로피아's 첼로와 피아노로 드리는 찬송곡집
Amazing Grace

1판 1쇄 발행 | 2022년 7월 27일
1판 2쇄 발행 | 2024년 5월 17일

편저자 | 임보람
발행인 | 김재선
발행처 | 예 솔
출판등록 | 제2002-000080호(2002.3.21.)
주소 | 서울시 마포구 양화로6길 9-24 동우빌딩 4층
전화 | 02)3142-1663(영업), 335-1662(편집)
팩스 | 02)335-1643
홈페이지 | www.yesolpress.com

ISBN 978-89-5916-954-2 03230
Copyright ⓒ 2022, 예솔

본 악보집의 일부 또는 전체를 예솔의 허락없이 복사하거나 전재할 수 없습니다.
책값은 뒤표지에 표시되어 있습니다.